LECTURAS  INFANT

Jane Cadwallader

PB3
y las verduras

Ilustraciones de Gustavo Mazali

Guille está en su habitación. Tiene deberes, pero está mirando por la ventana. Llueve y hace viento. ¡De pronto, Guille ve algo en el jardín! Es redondo y gris. ¡Es una NAVE ESPACIAL! ¡Luego, ve un pequeño extraterrestre y un robot que bajan las escaleras de la nave espacial!

Guille abre
la ventana.
El extraterrestre
habla con
Guille.

¡Hola! Soy PB3. Soy
del planeta P3. Este es
mi robot Robina.

¡Hola!
Me llamo Guillermo
pero me podéis
llamar Guille.

PB3 ve una manzana en la mesa de Guille.
Es una manzana roja. Está muy sorprendido.
¡En el planeta P3 no tienen manzanas, y no
tienen cosas rojas!
En el planeta P3 solo tienen los colores negro,
gris, verde y blanco.

¡Es una
manzana!
¡Puedes comerla!

¡Es muy bonita!

Van a la cocina. Guille enseña a PB3 y a Robina
más fruta. Les enseña las peras, las uvas, un
plátano y una naranja. También les enseña las
verduras. Hay patatas, alubias y guisantes.
¡PB3 y Robina están muy contentos!

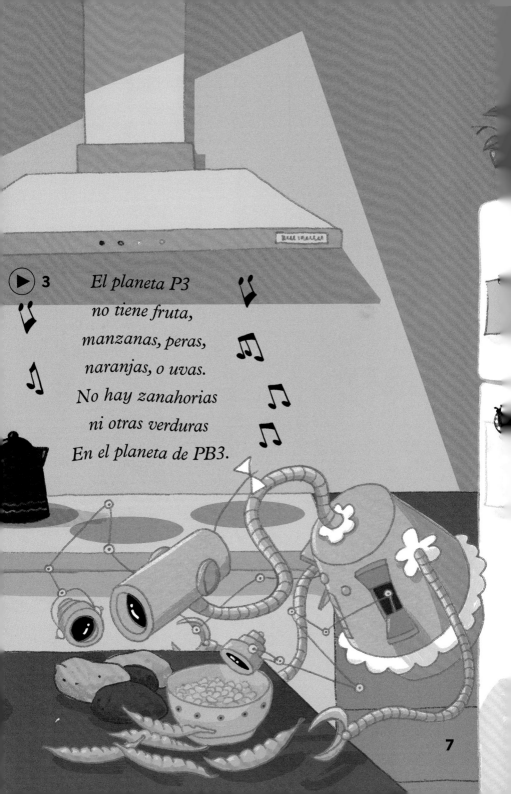

▶ 3

El planeta P3
no tiene fruta,
manzanas, peras,
naranjas, o uvas.
No hay zanahorias
ni otras verduras
En el planeta de PB3.

7

4 PB3 y Robina van con Guille al pueblo para comprar fruta y verdura. Ahora hace sol y hay un gran arcoiris. PB3 y Robina están muy contentos. ¡Guille también está contento!

Mira. Ahora están en el pueblo.
PB3 y Robina se esconden en una caja.
Guille les ayuda.

Gracias, Guille.

Guille compra fruta y verdura. Compra limones, zanahorias, patatas, naranjas, cebollas, plátanos, uvas, peras, tomates y media sandía. PB3 y Robina miran desde la caja. ¡Están muy sorprendidos y también muy contentos!

5 El planeta P3
no tiene fruta,
melones, sandías,
limones, o uvas.
No hay tomates
ni otras verduras
En el planeta de PB3.

11

6 Guille paga la fruta y la verdura.
Pero… ¡Oh, mira! ¡Un hombre cierra la caja!

Dos hombres meten la caja en un camión.
Guille los mira, pero... ¿qué puede hacer?

¡Oh, no!

13

PB3 y Robina están en la caja. La caja está
en el camión.
El camión corre por la carretera.
Guille corre en su bici, detrás
del camión. ¡Está muy
cansado!

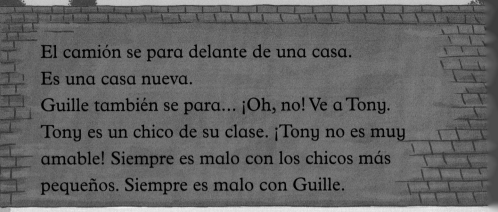

El camión se para delante de una casa.
Es una casa nueva.
Guille también se para... ¡Oh, no! Ve a Tony.
Tony es un chico de su clase. ¡Tony no es muy
amable! Siempre es malo con los chicos más
pequeños. Siempre es malo con Guille.

¡Oh, no! ¡Es Tony,
el abusón!

Guille llama a la puerta.
Tiene mucho miedo pero quiere
ayudar a PB3 y a Robina.

Tony está en su
habitación. En el
piso de arriba.

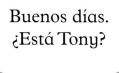

Buenos días.
¿Está Tony?

17

Guille va a la habitación de Tony. Tony está en la cama. Juega con PB3 y Robina.

Hola, Tony.

¿Qué quieres?

Guille dice a Tony que PB3 y Robina son sus juguetes. Pero Tony los quiere para él.

¡Estos son MIS juguetes!

Tony tiene el cuello de PB3 en una mano y a Robina bajo el brazo. ¡Están muy enfadados! PB3 está furioso. Toca uno de los botones de Robina.

No somos tus juguetes

Se abre un hueco en el panel de control de Robina y... ¡sale una espuma verde pegajosa horrible!

¡Toma, espuma verde!

Ahora Tony está enfadado.

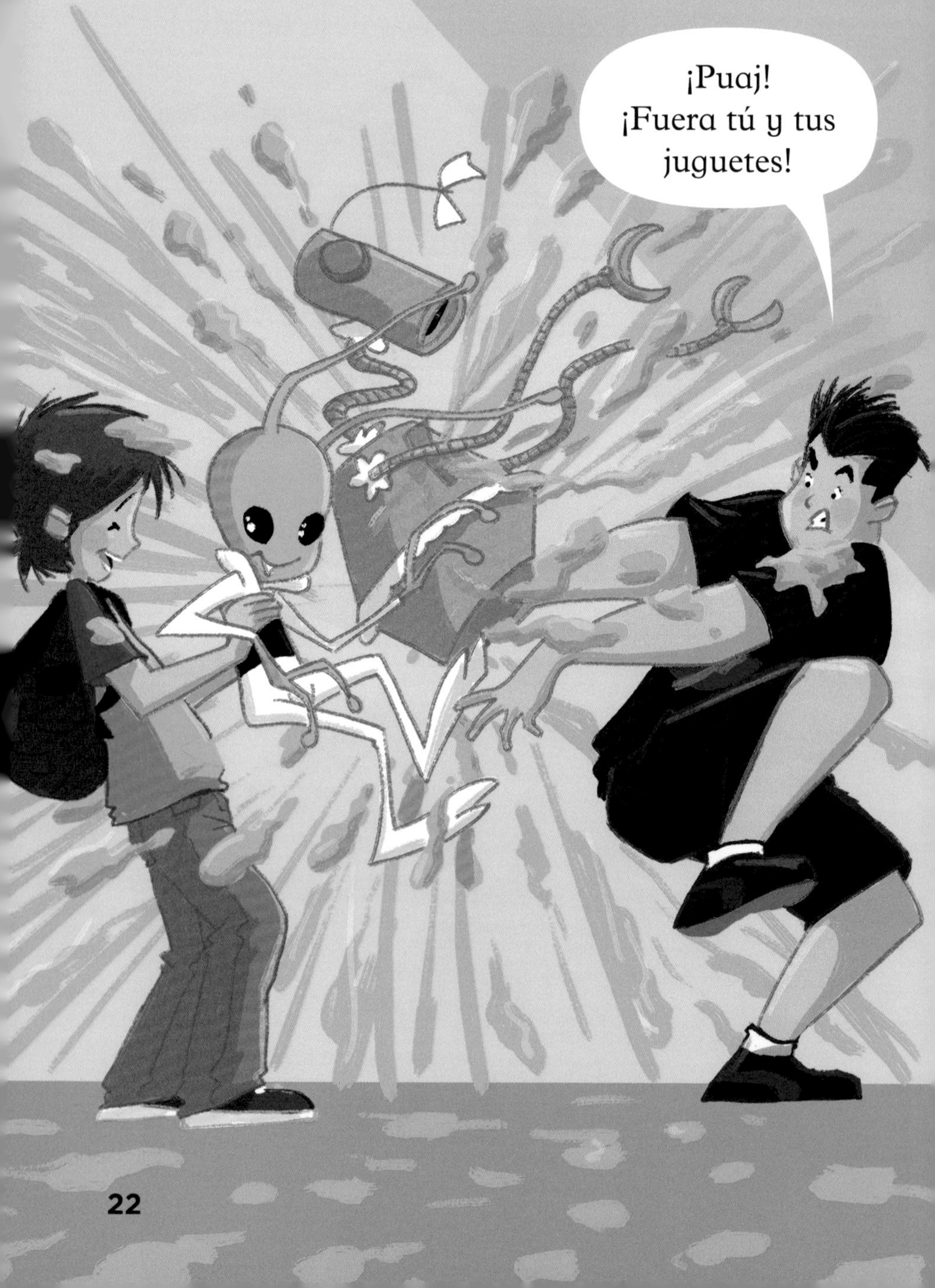

Guille coge a PB3 y a Robina.
Baja por las escaleras, se despide
de la mamá de Tony y sale
corriendo de la casa.

Ahora PB3 prueba las verduras. No le gustan las patatas, pero le gustan las zanahorias.
¡Su verdura favorita es la cebolla! Guille come fruta. Le gustan los plátanos y las naranjas pero su fruta preferida son las uvas. Robina hace fotos de la fruta y la verdura. ¿Por qué?

Mmmmm...
¡deliciosa!

¡Oh, mira! ¡Robina usa los colores para hacer más espuma! ¡Pero no es solo verde! ¡También es morada, amarilla, roja y naranja!

Páginas de actividades

1 Escribe la palabra correcta. Escribe el número adecuado en cada dibujo.

1 En el planeta P3 no tienen el color ___rojo___ .
(gris-verde-rojo)

2 PB3 y Robina se esconden en una _____ .
(casa-caja-bolsa)

3 Tony dice que PB3 y Robina son sus_____.
(amigos-extraterrestres-juguetes)

4 Robina hace _____ .
(fruta-espuma-zanahorias)

5 La verdura preferida de PB3 es la _____ .
(cebolla-patata-zanahoria)

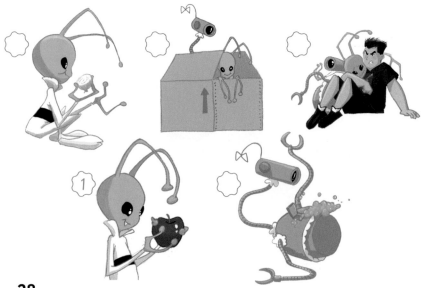

2 **Termina las palabras y completa la canción.**

peras   uvas   fruta   naranjas

~~P3~~   zanahorias   verduras   manzanas

El planeta _P 3_
no tiene _f_ _ _ _ _ _ ,
_m_ _ _ _ _ _ _ _ _ , _p_ _ _ _ _ _ ,
_n_ _ _ _ _ _ _ _ _ , o _u_ _ _ _ ,
No hay _z_ _ _ _ _ _ _ _ _ _ _
ni otras _v_ _ _ _ _ _ _ _ _ .
En el planeta de PB3.

3 **Busca la página.**

1 PB3 ve una manzana en la mesa de Guille. ⬡ 5

2 Ahora hace sol y hay un gran arcoiris. ⬡

3 Dos hombres meten la caja en un camión. ⬡

4 Guille corre en su bici. ⬡

5 Sale una espuma verde pegajosa horrible. ⬡

4 **Busca la palabra secreta y colorea.**

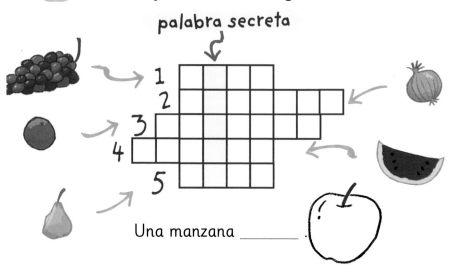

Una manzana _____.

5 **¿Qué tiempo hace? Escribe y dibuja.**

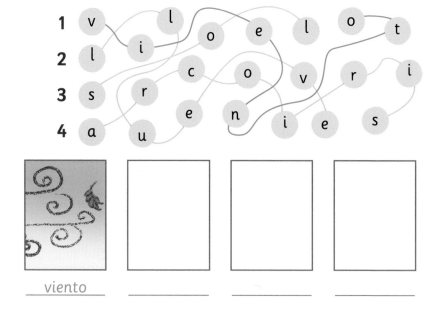

viento _____ _____ _____

6 **Une.**

Tiene un robot que se llama Robina.

Va a clase con Tony.

Es de P3.

Tiene una bici.

Le gustan las cebollas.

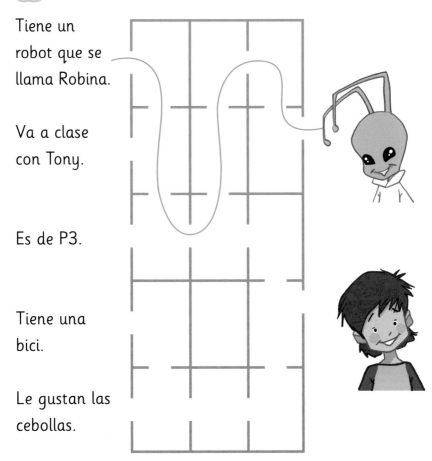

7 **Escribe "está" o "están".**

1 Guille _____ en su habitación.

2 PB3 y Robina _____ muy contentos.

3 Los amigos _____ en el pueblo.

4 La caja _____ en el camión.

5 Tony _____ en la cama.

6 PB3 y Robina _____ en la cama.

8 Ayuda a Robina con la espuma.
Escribe los colores.

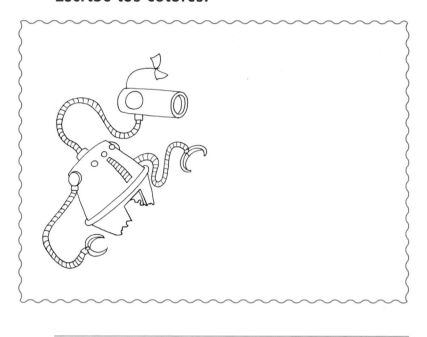

_____

_____

_____

9 ¿Te gusta la historia? Dibuja tu cara.

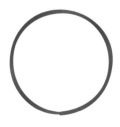

 ¡Me encanta!

 ¡Me gusta!

 Me gusta bastante

 No me gusta